REPOS HEBDOMADAIRE

LÉGISLATION COMPLÈTE

PARIS

LIBRAIRIE DES SCIENCES POLITIQUES ET SOCIALES

Marcel RIVIÈRE et Cie

31, rue Jacob et 1, rue Saint-Benoît

1911

Publication des Lois et Décrets

Accidents du Travail. — Loi du 9 avril 1898, modifiée par les lois du 22 mars 1902 et du 31 mars 1905. Loi du 30 juin 1899, accidents agricoles. Loi du 16 avril 1906, exploitations commerciales. Décrets d'administration publique. 1 brochure in-8 de 40 pages. Prix.. o fr. 50

Accidents du Travail. — Arrêté du 30 septembre 1905, fixant le tarif des frais médicaux et pharmaceutiques en matière d'accidents du travail. 1 brochure in-8........................ o fr. 75

Assistance aux Vieillards. — Instruction du 16 avril 1906 suivie de la loi du 14 juillet 1905. Décret du 14 avril 1906 et annexes. 1 brochure in-8................................ 1 fr. 75

Bien de Famille insaisissable. — Loi du 12 juillet 1909, décret du 26 mars 1910 et circulaire, annotés et commentés par Pranard et Mangot. 1 vol. in-16.......................... 1 fr. 50

Boissons et Spiritueux. — Loi du 29 décembre 1900. Loi du 6 août 1905 relative à la répression de la fraude sur les vins. Loi du 30 janvier 1907 sur les spiritueux. Lois et décrets de 1907 sur le mouillage et le sucrage, complétés des lois antérieures mises en vigueur par les présentes. 1 brochure in-8 de 44 pages.. o fr. 75

Bouilleurs de cru. — Lois des 31 mars 1903, 22 avril 1905, 27 février et 17 avril 1906. Arrêté ministériel du 2 avril 1903 et décrets du 19 août 1903. 1 brochure in-8 de 30 pages. o fr. 50

Brevets d'invention. — Loi du 3 mai 1841, modifiée par celles du 31 mai 1856 et du 7 avril 1902 et arrêté ministériel du 11 août 1903. 1 brochure in-8 de 24 pages................ o fr. 50

Bureaux de placement. — Loi du 14 mars 1904 relative au placement des ouvriers et employés des deux sexes et de toutes professions. 1 brochure in-8....................... o fr. 50

Caisses d'épargne. — Histoire et Législation, par Chevauchez, rédacteur au Sous-Secrétariat des Postes. In-8 broché. 1 fr. 50

Caisses de secours contre le chômage. — Décret du 9 septembre 1905, précédé d'un rapport du Ministre du Commerce et du Ministre des Finances. 1 brochure in-8............ o fr. 50

Chemins de fer d'intérêt local et tramways. — Lois, Décrets, Règlements et Circulaires. 1 vol. in-8 de 220 pages. 2 fr. 50

REPOS HEBDOMADAIRE

LÉGISLATION COMPLÈTE

PARIS

LIBRAIRIE DES SCIENCES POLITIQUES ET SOCIALES

Marcel RIVIÈRE et Cie

31, rue Jacob et 1, rue Saint-Benoît

—

1911

REPOS HEBDOMADAIRE

LOI DU 13 JUILLET 1906

*établissant le repos hebdomadaire en faveur des ouvriers
et employés.*

ARTICLE PREMIER. — Il est interdit d'occuper plus de six jours par semaine un même employé ou ouvrier dans un établissement industriel ou commercial, ou dans ses dépendances, de quelque nature qu'il soit, public ou privé, laïque ou religieux, même s'il a un caractère d'enseignement professionnel ou de bienfaisance.

Le repos hebdomadaire devra avoir une durée minima de vingt-quatre heures consécutives.

ART. 2. — Le repos hebdomadaire doit être donné le dimanche.

Toutefois, lorsqu'il est établi que le repos simultané, le dimanche, de tout le personnel d'un établissement serait préjudiciable au public ou compromettrait le fonctionnement normal de cet établissement, le repos peut être donné soit constamment, soit à certaines époques de l'année seulement, ou bien :

a) Un autre jour que le dimanche à tout le personnel de l'établissement ;

b) Du dimanche midi au lundi midi ;

c) Le dimanche après midi avec un repos compensateur d'une journée par roulement et par quinzaine ;

d) Par roulement à tout ou partie du personnel.

Des autorisations nécessaires devront être demandées et obtenues conformément aux prescriptions des articles 8 et 9 de la présente loi.

ART. 3. — Sont admis de droit à donner le repos hebdomadaire par roulement les établissements appartenant aux catégories suivantes :

1° Fabrication de produits alimentaires destinés à la consommation immédiate ;

2° Hôtels, restaurants et débits de boissons ;

3° Débits de tabac et magasins de fleurs naturelles ;

4° Hôpitaux, hospices, asiles, maisons de retraite et d'aliénés, dispensaires, maisons de santé, pharmacies, magasins d'appareils médicaux et chirurgicaux

5° Etablissements de bains ;

6° Entreprises de journaux, d'informations et de spectacles ; musées et expositions ;

7° Entreprises de location de livres, de chaises, de moyens de locomotion ;

8° Entreprises d'éclairage et de distribution d'eau ou de force motrice ;

9° Entreprises de transport par terre autres que les chemins de fer, travaux de chargement et de déchargement dans les ports, débarcadères et stations ;

10° Industries où sont mises en œuvre des matières susceptibles d'altération très rapide

11° Industries dans lesquelles toute interruption de travail entraînerait la perte ou la dépréciation du produit en cours de fabrication.

Un règlement d'administration publique énumérera la nomenclature des industries comprises dans les catégories figurant sous les n°ˢ 10 et 11, ainsi que les autres catégories d'établissements qui pourront bénéficier du droit de donner le repos hebdomadaire par roulement.

Un autre règlement d'administration publique déterminera également les dérogations particulières au repos des spécialistes occupés dans les usines à feu continu, telles que hauts fourneaux.

Art. 4. — En cas de travaux urgents, dont l'exécution immédiate est nécessaire pour organiser des mesures de sauvetage, pour prévenir des accidents imminents ou réparer des accidents survenus au matériel, aux installations ou au bâtiment de l'établissement, le repos hebdomadaire pourra être suspendu pour le personnel nécessaire à l'exécution des travaux urgents. Cette faculté de suspension s'applique non seulement aux ouvriers de l'entreprise où les travaux urgents sont nécessaires, mais aussi à ceux d'une autre entreprise faisant les réparations pour le compte de la première. Dans cette seconde entreprise, chaque ouvrier devra jouir d'un repos compensateur d'une durée égale au repos supprimé.

Art. 5. — Dans tout établissement qui aura le repos hebdomadaire au même jour pour tout le personnel, le repos hebdomadaire pourra être réduit à une demi-journée pour les personnes employées à la conduite des générateurs et des machines motrices, au graissage et à la visite des transmissions, au nettoyage des locaux industriels, magasins ou bureaux, ainsi que pour les gardiens et concierges.

Dans les établissements de vente de denrées alimentaires au détail, le repos pourra être donné le dimanche après midi avec un repos compensateur, par roulement et par semaine, d'une autre après-midi pour les employés âgés de moins de vingt et un ans et logés chez leurs patrons et, par roulement et par quinzaine, d'une journée entière pour les autres employés.

Dans les établissements occupant moins de cinq ouvriers ou employés et admis à donner le repos par roulement, le repos d'une journée par semaine pourra être remplacé par deux repos d'une demi-journée, représentant ensemble la durée d'une journée complète de travail.

Dans tout établissement où s'exerce un commerce de détail et dans lequel le repos hebdomadaire aura lieu le dimanche, ce repos pourra être supprimé lorsqu'il coïncidera avec un jour de fête locale ou de quartier désigné par arrêté municipal.

Art. 6. — Dans toutes les catégories d'entreprises où les intempéries déterminent des chômages, les repos forcés viendront, au cours de chaque mois, en déduction des jours de repos hebdomadaire.

Les industries en plein air, celles qui ne travaillent qu'à certaines époques de l'année, pourront suspendre le repos hebdomadaire quinze fois par an.

Celles qui emploient des matières périssables, celles qui ont à répondre, à certains moments, à un surcroît extraordinaire de travail, et qui ont fixé le repos au même jour pour tout le personnel, pourront également suspendre le repos hebdomadaire quinze fois par an. Mais, pour ces deux dernières catégories d'industries, l'employé ou l'ouvrier devra jouir au moins de deux jour par mois.

ART. 7. — Dans les établissements soumis au contrôle de l'Etat, ainsi que dans ceux où sont exécutés les travaux pour le compte de l'Etat et dans l'intérêt de la défense nationale, les ministres intéressés pourront suspendre le repos hebdomadaire quinze fois par an.

ART. 8. — Lorsqu'un établissement quelconque voudra bénéficier de l'une des exceptions prévues au paragraphe 2 de l'article 2, il sera tenu d'adresser une demande au préfet du département.

Celui-ci devra demander d'urgence les avis du conseil municipal, de la chambre de commerce de la région et des syndicats patronaux et ouvriers intéressés de la commune. Ces avis devront être donnés dans le délai d'un mois.

Le préfet statuera ensuite par un arrêté motivé qu'il notifiera dans la huitaine.

L'autorisation accordée, à un établissement devra être étendue aux établissements de la même ville faisant le même genre d'affaires et s'adressant à la même clientèle.

ART. 9. — L'arrêté préfectoral pourra être déféré au Conseil d'Etat, dans la quinzaine de sa notification aux intéressés.

Le Conseil d'Etat statuera dans le mois qui suivra la date du recours, qui sera suspensif.

ART. 10. — Des règlements d'administration publique organiseront le contrôle des jours de repos pour tous les établissements, que le repos hebdomadaire soit collectif ou qu'il soit organisé par roulement.

Ils détermineront également les conditions du préavis qui devra être adressé à l'inspecteur du travail par le chef de tout établissement qui bénéficiera des dérogations.

ART. 11. — Les inspecteurs et inspectrices du travail sont chargés, concurremment avec tous officiers de police judiciaire, de constater les infractions à la présente loi.

Dans les établissements soumis au contrôle du Ministre des travaux publics, l'exécution de la loi est assurée par les fonctionnaires chargés de ce contrôle, placés à cet effet sous l'autorité du Ministre du commerce et de l'industrie (1). Les délégués mineurs signalent les infractions sur leur rapport.

ART. 12. — Les contraventions sont constatées dans des procès-verbaux qui font foi jusqu'à preuve contraire.

Ces procès-verbaux sont dressés en double exemplaire, dont l'un est envoyé au préfet du département et l'autre déposé au parquet.

ART. 13. — Les chefs d'entreprise, directeurs ou gérants qui auront contrevenu aux prescriptions de la présente loi et des règlements d'administration publique relatifs à son exécution seront poursuivis devant le tribunal de simple police et passibles d'une amende de cinq à quinze francs (5 à 15 fr.).

L'amende sera appliquée autant de fois qu'il y aura de personnes occupées dans des conditions contraires à la présente loi, sans toutefois que le maximum puisse dépasser cinq cents francs (500 fr.).

ART. 14. — Les chefs d'entreprise seront civilement responsables des condamnations prononcées contre leurs directeurs ou gérants.

ART. 15. — En cas de récidive, le contrevenant sera poursuivi devant le tribunal correctionnel et puni d'une amende de seize à cent francs (16 à 100 fr.).

Il y a récidive lorsque, dans les douze mois antérieurs au fait poursuivi, le contrevenant a déjà subi une condamnation pour une contravention identique.

____

(1) Maintenant : le Ministre du travail et de la prévoyance sociale.

En cas de pluralité de contraventions entraînant ces peines de la récidive, l'amende sera appliquée autant de fois qu'il aura été relevé de nouvelles contraventions, sans toutefois que le maximum puisse dépasser trois mille francs (3.000 fr.).

Art. 16. — Est puni d'une amende de cent à cinq cents francs (100 à 500 fr.) quiconque aura mis obstacle à l'accomplissement du service d'un inspecteur.

En cas de récidive dans les délais spécifiés à l'article précédent, l'amende sera portée de cinq cents francs à mille francs (500 à 1.000 fr.).

L'article 463 du Code pénal est applicable aux condamnations prononcées en vertu de cet article et des articles 13, 14 et 15.

Art. 17. — Les dispositions de la présente loi ne sont pas applicables aux employés et ouvriers des entreprises de transports par eau, non plus qu'à ceux des chemins de fer, dont les repos sont réglés par des dispositions spéciales.

Art. 18. — Sont abrogées les dispositions des articles 5 et 7 de la loi du 2 novembre 1892 en ce qui touche le repos hebdomadaire.

Les dérogations prévues à l'article 4 et au premier paragraphe de l'article 5 de la présente loi ne sont pas applicables aux enfants de moins de dix-huit ans et aux filles mineures.

Les dérogations prévues au paragraphe 3 de l'article 5 ne sont pas applicables aux personnes protégées par la loi du 2 novembre 1892.

Un règlement d'administration publique établira la nomenclature des industries particulières qui devront être comprises dans les catégories générales énoncées à l'article 6 de la présente loi en ce qui concerne les femmes et les enfants.

DÉCRET DU 24 AOUT 1906

*organisant le contrôle de l'application de la loi
du 31 juillet 1906.*

(Modifié par le décret du 13 juillet 1907)

ARTICLE PREMIER. (*Décret du 13 juillet 1907*). — Dans les établissements spécifiés à l'article premier de la loi du 13 juillet 1906 qui ne donnent pas à tout le personnel sans exception le repos de la journée entière du dimanche, les chefs d'entreprise, directeurs ou gérants sont soumis aux obligations ci-après :

1° Lorsque le repos hebdomadaire est donné collectivement à la totalité ou à une partie du personnel soit un autre jour que le dimanche, soit du dimanche midi au lundi midi, soit le dimanche après-midi sous réserve du repos compensateur, soit suivant tout autre mode exceptionnel permis par la loi, des affiches doivent indiquer les jours et heures du repos collectif ainsi donné ;

2° Lorsque le repos n'est pas donné collectivement à tout le personnel, soit pendant la journée entière du dimanche, soit sous l'une des autres formes prévues par la loi, un registre spécial doit mentionner les noms des employés et ouvriers soumis à un régime particulier de repos et indiquer ce régime. En ce qui concerne chacune de ces personnes, le registre doit faire connaître le jour et éventuellement les fractions de journées choisis pour son repos.

L'inscription sur ce registre des employés ou des ouvriers récemment embauchés devient obligatoire après un délai de six jours. Jusqu'à l'expiration de ce délai, et à défaut d'inscription sur le registre, il ne peut être réclamé par les agents chargés du contrôle qu'un cahier régulièrement tenu portant l'indication du nom et la date d'embauchage de l'ouvrier ou employé.

Art. 2. (*Décret du 13 juillet 1907*). — L'affiche doit être facilement accessible et lisible.

Un duplicata en est envoyé avant sa mise en service à l'inspecteur du travail de la circonscription.

Le registre est tenu constamment à jour, la mention des journées ou fractions de journées de repos dont bénéficie un employé ou ouvrier peut toujours être modifiée ; il suffit que la modification de service soit portée au registre avant de recevoir exécution ; toutefois, la modification ainsi faite ne peut en aucun cas priver le remplaçant du repos auquel il a droit.

Le registre reste à la disposition des agents chargés du contrôle et doit être communiqué aux employés et ouvriers qui en font la demande. Il est visé par les agents chargés du contrôle au cours de leurs visites.

Art. 3. — Tout chef d'entreprise, directeur ou gérant qui veut suspendre le repos hebdomadaire, en vertu soit de l'article 4, soit des paragraphes 2 et 3 de l'article 6 de la loi, doit en aviser immédiatement et, sauf le cas de force majeure, avant le commencement du travail, l'inspecteur de la circonscription.

Il doit faire connaître à ce fonctionnaire les circonstances qui justifient la suspension du repos hebdomadaire, indiquer la date et la durée de cette suspension et spécifier le nombre d'employés et d'ouvriers auxquels elle s'applique.

En outre, dans le cas prévu par l'article 4, lorsque des travaux urgents sont exécutés par une entreprise distincte, l'avis du chef, du directeur ou du gérant de cette entreprise mentionne la date du jour de repos compensateur assuré au personnel.

Pour les industries déterminées au paragraphe 3 de l'article 6, l'avis indique les deux jours de repos mensuels réservés aux employés et ouvriers.

Art. 4. — Dans les établissements spécifiés au paragraphe premier de l'article 6 de la loi, le chef d'entreprise, directeur ou gérant doit, en cas de repos imposé par les intempéries, en prévenir, le jour même, l'inspecteur du travail et lui indiquer le nombre des personnes qui ont chômé. Il fait connaître, la veille au plus tard, à l'inspecteur, les jours où le repos hebdomadaire sera supprimé en compensation du chômage.

Art. 5. — Dans les cas prévus par les articles 3 et 4 ci-dessus, copie de l'avis doit être affichée dans l'établissement pendant toute la durée de la dérogation.

Art. 6. — Le Ministre du commerce, de l'industrie et du travail est chargé de l'exécution du présent décret, qui sera publié au *Journal officiel* de la République française et inséré au *Bulletin des Lois*.

DÉCRET DU 14 AOUT 1907

complétant la nomenclature des établissements admis à donner le repos hebdomadaire par roulement en vertu de l'article 3 de la loi du 13 juillet 1906.

(Modifié par les décrets des 10 Septembre 1908 et 30 avril 1909)

Article premier. — Les établissements énumérés ci-après sont admis, en exécution de l'avant-dernier paragraphe de l'article 3 de la loi du 13 juillet 1906, à donner le repos hebdomadaire par roulement au personnel employé aux travaux spécifiés dans le tableau suivant :

ÉTABLISSEMENTS	TRAVAUX
Abbattoirs.	
Accumulateurs électriques (fabrique d')	Formation des plaques et surveillance des fours de fusion du plomb.

ÉTABLISSEMENTS	TRAVAUX
Acide arsénieux (fabrication de l')......	Conduite des fours.
Acide azotique monohydraté (fabriques d').	
Acide carbonique liquide (fabriques d').	
Acide chlorhydrique (fabriques d').	
Acides résiduels de la fabrication des produits nitrés établissements traitant les).	
Acide sulfurique (fabriques d')	
Agglomérés de charbon (fabriques d').	
Air comprimé (chantiers de travaux à l')......	Production et soufflage de l'air comprimé.
Alcools (voir Distillation).	
Alun (établissements traitant les minerais d')......	Conduite des fours et des appareils de lessivage.
Amidonneries	Opérations de séchage et de décantation.
Ammoniaque liquide (fabriques d').	
Arrosage, balayage, nettoyage et enlèvement des ordures ménagères (entreprises d').	
Banques et établissements de crédit	Service de garde.
Bauxite (traitement de la)..	Conduite des fours et des appareils de dissolution, de carbonatation et de purification.
Beurreries industrielles....	Traitement du lait.
Bioxyde de baryum (fabriques de)	
Bleu d'outremer (fabriques de)	Conduite des fours.
Bougies (fabriques de)......	Préparation des acides gras.
Boyauderies, triperies, cordes à boyau (fabriques de).	
Brasseries (fabriques de bière)	
Cabinets publics d'aisance et de toilette.	

ÉTABLISSEMENTS	TRAVAUX
Câbles électriques (fabriques de)	Travaux d'isolation et conduite des étuves.
Caisses d'épargne.	
Camphre (fabriques de).....	Raffinage.
Carbure de calcium (fabriques de) [voir Fours électriques].	
Caséine (fabriques de).	
Celluloïd (fabriques de).	
Céramique (industrie).......	Séchage des produits et conduite des fours.
Chamoiseries	Traitement des peaux fraîches.
Chauffage (entreprises de).	
Chaux, ciments, plâtres (fabriques de)...................	Conduite des fours.
Chlore et produits dérivés (fabriques de).	
Chlorhydrate d'ammoniaque (fabriques de)...........	Sublimation.
Cidre (établissements industriels pour la fabrication du).	
Coke (fabriques de)........	Conduite des fours.
Colles et gélatines (fabriques de).....................	Traitement des matières premières, conduite des autoclaves et des séchoirs.
Conserves alimentaires (fabriques de).	
Corps gras (industries de l'extraction des).	
Corroiries	Travaux de séchage.
Cossettes de chicorée (sécheries de)................	Conduite des fours.
Cuirs vernis (fabriques de)...	Conduite des étuves.
Cyanamide calcique (fabrication de la)..............	Préparartion de l'azote pur ; broyage du carbure ; azotation du carbure broyé.
Cyanures alcalins (fabriques de).	
Délainage des peaux de mouton (industrie du)........	Travaux d'étuvage.

ÉTABLISSEMENTS	TRAVAUX
Désinfection (entreprises de).	
Distillation du bois (usines de)	Conduite des fours et appareils.
Distilliation et rectification des produits de la fermentation alcoolique (usines de).	
Dolomie (établissements traitant la)..................	Conduite des fours.
Dynamite (fabriques de).	
Eau oxygénée (fabriques d').	
Electricité (fabriques de charbons pour l')............	Cuisson des charbons.
Electrolyse de l'eau (établissements pratiquant l').....	Conduite des appareils.
Engrais animaux (fabriques d').	Transport et traitement des matières.
Equarrissage (entreprises d').	
Etablissements industriels et commerciaux	Service de transport pour livraisons. — Service préventif contre l'incendie. — Soins aux chevaux et animaux de trait. — Travaux de désinfection.
Ether (fabriques d').	
Expédition, transit et emballage (entreprises d').	
Extraits tannants et tinctoriaux (fabriques d').	
Fécule (fabricants de).	
Fer et fonte émaillés (usines de)..	Service des fours de fabrication.
Feutre pour papeterie (fabriques de)...............	Conduite des foulons.
Fleurs naturelles (établissements de commerce en gros des).	
Fours électriques (établissements employant les).....	Travaux effectués à l'aide des fours électriques.
Froid (usines de production du).	
Fromageries industrielles.	

ÉTABLISSEMENTS	TRAVAUX
Galvanisation et étamage du fer (établissement pratiquant la)...............	Conduite des fours.
Garages.	Service du garage. Réparations urgentes de véhicules.
Glace (fabriques de).	
Glaces (fabriques de).........	Fabrication et doucissage des glaces.
Glycérine (distillation de la).	
Goudron (usines de distillation du).	
Huiles de schiste (usines de distillation des).	
Hydrauliques (établissements utilisant les forces)........	Opérations commandées par les forces hydrauliques.
Indigo (teintureries à l').	
Iode (fabriques d').	
Kaolin (établissements de préparation du).............	Service des fours.
Lait (établissements industriels pour le traitement du).	
Laminoirs et tréfileries de tous métaux.	
Levure (fabriques de).	
Litharge (fabriques de)......	Service des fours.
Machines agricoles (ateliers de réparation de)........	Réparations urgentes de machines agricoles.
Malteries	Opérations de maltage.
Marée (établissements faisant le commerce de la).	
Margarine (fabriques de).	
Maroquineries (voir mégisseries).	
Matières colorantes artificielles dérivées du goudron de houille (fabriques de).	
Mégisseries et maroquineries.	Mise à l'eau des peaux, levage des pelins et des conflits, conduite des étuves.

ETABLISSEMENTS	TRAVAUX
Métaux (usines de production des).	
Minium (fabriques de)......	Service des fours.
Minoterie et meunerie.	
Moulins à vent.	
Noir animal (fabriques de)...	Conduite des fours de cuisson.
Noir d'aniline (fabriques de).	Conduite de l'oxydation dans la teinture.
Noir minéral (fabriques de).	
Oxyde d'antimoine (fabriques d').	Conduite des fours.
Oxyde de zinc (fabriques d').	
Paille pour chapeaux (fabriques de)................	Blanchiment de la paille.
Papier, carton et pâtes à papier (fabriques de).	
Parfumeries.	Extraction du parfum des fleurs.
Peaux fraîches et en poil (dépôts de)................	Salage des peaux.
Pelleteries (ateliers de)......	Mouillage des peaux.
Pétrole (raffineries de)......	Service des appareils de distillation et des appareils à paraffiner.
Phosphore (fabriques de).	
Photographie (ateliers de)...	Prise des clichés.
Plaques, papiers et pellicules sensibles pour la photographie (fabriques de).	
Plumes métalliques (fabriques de)..	Service des fours.
Poissons (ateliers de salage, saurage et séchage des).	
Pompes funèbres (entreprises de).	
Produits chimiques organiques par voie de synthèse (fabriques de).	
Pruneaux (fabriques de)....	Etuvage des prunes.
Salines et raffineries de sel..	Conduite des chaudières et des appareils d'évaporation.
Savonneries.	
Sécheries de bois d'ébénisterie	Conduite des feux et de la ventilation.

ÉTABLISSEMENTS	TRAVAUX
Sels ammoniacaux (fabriques de).	Conduite des appareils.
Silicates de soude et de potasse (fabriques de).	
Silice en poudre (fabrication de la)....................	Conduite des fours de calcination.
Soude (fabriques de).	
Soufre (fabriques de)........	Service des fours et sublimation du soufre.
Sucreries	Fabrication et raffinage.
Suifs (fonderies de)........	Réception et traitement par l'acide ou le bain-marie.
Sulfates métalliques (fabriques de)...................	Conduite des appareils.
Sulfate de soude (fabriques de).	
Sulfure de carbone (fabriques de).	
Sulfure de sodium (fabriques de).	
Superphosphates (fabriques de).	
Tanneries	Salage des cuirs frais, dessalage des cuirs, levage des pelins et des premières cuves de brasserie.
Triperies (voir Boyauderies).	
Toiles cirées (fabriques de)...	Service des séchoirs et étuves.
Véhicules (ateliers de réparations de).................	Réparations urgentes.
Verreries et cristalleries....	Service des fours.
Vinaigre (fabriques de).	
Viscose (fabriques de).	

Dans les établissements où seraient en même temps exercées d'autres industries, la faculté de donner le repos hebdomadaire par roulement s'appliquerait exclusivement aux fabrications et aux travaux que détermine le tableau précédent.

ART. 2. — Outre les catégories d'établissements compris dans l'énumération qui précède, sont admis à donner le repos hebdomadaire par roulement les établissements qui, fonctionnant de jour et de nuit à l'aide d'équipes alternantes, auront suspendu, pendant douze heures consécutives au moins chaque dimanche, les travaux autres que ceux visés à l'article 4 et à l'article 5, § 1er de la loi du 13 juillet 1906.

Art. 3. — Le Ministre du travail et de la prévoyance sociale est chargé de l'exécution du présent décret, qui sera inséré dans le *Bulletin des Lois* et publié au *Journal officiel* de la République française.

DÉCRET DU 16 MARS 1908

portant modification des dispositions de l'article 6 de la loi du 13 juillet 1906 sur le travail des enfants et des femmes dans l'industrie.

Article premier. — Les dispositions de l'article 6 de la loi du 13 juillet 1906 s'appliquent, dans les conditions indiquées ci-après, aux enfants de moins de 18 ans et aux femmes de tout âge occupés dans les industries énumérées au présent décret.

Art. 2. — Sont admises au bénéfice du paragraphe 1er de l'article 6 de la loi les industries suivantes :

Bateaux de rivière (Travaux extérieurs de construction et de réparation des) ;

Bâtiment (Travaux extérieurs dans les chantiers de l'industrie du) ;

Briqueteries en plein air ;

Conserves de fruits, de légumes et de poissons ;

Corderies en plein air.

Art. 3. — Sont admises au bénéfice du paragraphe 2 de l'article 6 de la loi les industries ci-après :

a) Comme industries en plein air :

Bateaux de rivière (Travaux extérieurs de construction et de réparation des) ;

Bâtiment (Travaux extérieurs dans les chantiers de l'industrie du) ;

Briqueteries en plein air ;

Corderies en plein air.

b) A la condition qu'elles ne travaillent qu'à certaines époques de l'année, les industries ci-après :

Conserves de fruits, de légumes et de poissons ;

Hôtels, restaurants, traiteurs et rôtisseurs ;

Etablissements de bains des stations balnéaires, thermales ou climatériques.

Art. 4. — Sont admises au bénéfice du paragraphe 3 de l'article 6 de la loi les industries ci-après, pour les établissements dans lesquels le repos est fixé au même jour pour tout le personnel :

Ameublement, tapisserie, passementerie pour meubles ;

Appareils orthopédiques ;

Balnéaires (Etablissements) ;

Bijouterie et joaillerie ;

Biscuits employant le beurre frais (Fabriques de) ;

Blanchisserie de linge fin ;

Boîtes de conserves (Fabrication et imprimerie sur métaux pour) ;

Bonneterie fine ;

Boulangeries ;

Brochage des imprimés ;

Broderie et passementerie pour confections ;

Cartons (Fabriques de) pour jouets, bonbons, cartes de visite, rubans ;

Chapeaux et casquettes (Fabrication et confection de) en toutes matières pour hommes et pour femmes ;

Charcuteries ;

Chaussures (Confection de) ;

Colle et gélatine (Fabrication de) ;

Coloriage au patron où à la main ;

Confections, couture, lingerie pour hommes, femmes et enfants;

Confections en fourrures ;

Conserves de fruits et confiserie, conserves de légumes et de poissons ;

Corsets (Confection de) ;

Couronnes funéraires (Fabriques de) ;

Délainage de peaux de mouton (Industrie du) ;

Dorure pour ameublement ;

Dorure pour encadrements ;

Filature, retordage de fils crêpés bouclés et à boutons, des fils moulinés et multicolores ;

Fleurs (Extraction du parfum des) ;
Fleurs et plumes ;
Gainerie ;
Hôtels, restaurants, traiteurs et rôtisseurs ;
Impression de la laine peignée, blanchissage, teinture et impression des fils de laine, de coton et de soie destinés au tissage des étoffes de nouveautés ;
Imprimeries typographiques ;
Imprimeries lithographiques ;
Imprimeries en taille-douce ;
Jouets, bimbeloterie, petite tabletterie et articles de Paris (Fabriques de) ;
Laiteries, beurreries et fromageries industrieles ;
Orfèverie (Polissage, dorure, gravure, ciselage, guillochage et planage en) ;
Papier (Transformation du), fabrication des enveloppes, du cartonnage, des cahiers d'école, des registres, des papiers de fantaisie ;
Papiers de tenture ;
Parfumerie ;
Pâtisseries ;
Porcelaine(Ateliers de décor sur) ;
Reliure ;
Réparations urgentes de navires et de machines motrices ;
Soie (Dévidage de la) pour étoffes de nouveautés ;
Teinture, apprêt, blanchiment, impression, gaufrage et moirage des étoffes ;
Tissage des étoffes de nouveautés destinées à l'habillement ;
Tulles, dentelles et laizes de soie ;
Voiles des navires armés pour la grande pêche (Confection et réparation des).

ART. 5. — Sont abrogées les dispositions des décrets des 15 juillet 1893, 26 juillet 1895, 29 juillet 1897, 24 février 1898, 1ᵉʳ juillet 1899, 18 avril 1901, 4 juillet 1902, 14 août 1903, 23 novembre et 24 décembre 1904, en ce qui concerne le repos hebdomadaire.

ART. 6. — Le Ministre du travail et de la prévoyance sociale est chargé de l'exécution du présent décret, qui sera publié au *Journal officiel de la République française* et inséré au *Bulletin des lois.*

DÉCRET DU 31 AOUT 1910

déterminant, en ce qui concerne les spécialistes occupés dans les usines à feu continu, des dérogations aux règles générales du repos hebdomadaire.

ARTICLE PREMIER. — Le repos des employés et ouvriers spécialistes travaillant dans les usines à feu continu, et appartenant aux catégories énumérées ci-après, peut être organisé dans les conditions prévues par les articles 2 et 3 du présent décret :

1° Hauts-fourneaux et appareils connexes.

Surveillants et contremaîtres préposés à la marche des appareils.

Basculeurs, chefs d'équipes, chargeurs au gueulard ou rouleurs au gueulard, chargeurs du bas, fondeurs, décrasseurs, granuleurs, gaziers du fourneau, chauffeurs et alimenteurs des chaudières chauffées au gaz du hauts fourneaux.

Personnel de l'épuration des gaz.

Machinistes des souffleries et des monte-charges.

Fondeurs des cubilots de déphosphoration et de désulfuration.

2° Mélangeurs de fonte.

Personnel de surveillance et de conduite.

3° Fours à feu continu pour la fabrication de l'acier sur solde.

Surveillants et contremaîtres préposés à la marche des appareils.

Chargeurs, fondeurs, gaziers, couleurs et décrasseurs.

Machinistes du service de coulée, préposés à la manœuvre des lingotières dans les fosses, démouleurs.

4° Puits et fours à réchauffer les lingots d'acier.

Surveillants préposés à la marche des appareils et chauffeurs.

5° Fours divers de cémentation et fours continus pour la fabrication de l'acier au creuset.

Surveillants préposés à la marche des appareils et chauffeurs.

6° Fours à coke.

Surveillants préposés à la marche des appareils, enfourneurs, régaleurs, pilonneurs, régleurs aux brûleurs et aux barillets.

Personnel de la récupération des sous-produits.

Machinistes des moteurs annexes.

7° Gazogènes et fours à récupération autres que les fours à coke.

Personnel de conduite lorsque cette conduite ne comporte pas le travail simultané de plus de deux ouvriers par équipe.

8° Usines à gaz.

Chauffeurs de cornues, lorsqu'il n'y a pas plus de deux ouvriers, par poste, employés à la production du gaz.

9° Fours à zinc.

Surveillants préposés à la marche des appareils.

Ouvriers employés au chargement et au déchargement des cornues ou creusets, mélangeurs de minerais et approvisionneurs de charbon.

10° Fours à cuve pour la métallurgie du plomb ou du cuivre.

Surveillants et contremaîtres préposés à la marche des appareils.

Personnel affecté à la conduite des fours, lorsque cette conduite ne comporte pas le travail simultané de plus de six ouvriers par équipe.

11° Fours d'affinage du cuivre et de concentration des mattes.

Deux fondeurs des fours d'affinage et de concentration.

Deux fondeurs et deux ouvriers des lits de fusion des fours à cuivre.

12° Fours rotatifs continus pour frittage des minerais
ou fabrication des ciments.

Surveillants préposés à la marche des appareils et cuiseurs.

13° Autres fours pour calcination ou grillage de minerais.

Surveillants préposés à la marche des appareils.

14° Fabrique de glaces.

Personnel chargé d'assurer le chauffage et la conduite des fours, la coulée et découpage.

15° Fours à feu continu de l'industrie céramique.

Surveillants préposés à la marche des appareils et cuiseurs.

16° Fabrique de produits chimiques.

Personnel affecté aux chambres ou autres appareils continus pour la fabrication de l'acide sulfurique.

Personnel chargé de la conduite des appareils continus de concentration, d'oxydation, de calcination, de décomposition, d'absorption et de condensation, lorsque cette conduite ne comporte pas le travail simultané de plus de deux hommes par équipe.

Mécanicien principal chargé des services généraux de distribution de force motrice ou d'une distribution d'air comprimé.

17° Fabrique de papier de carton possédant moins de trois machines.

Conducteurs de défibreurs, gouverneurs de cylindre raffineur, chefs de coloration mélangeurs, conducteurs des machines à papier et sécheurs.

18° Fabrications électrométallurgiques.

Surveillants et contremaîtres préposés à la marche des appareils.

Art. 2. — Dans les usines où le travail est organisé par alternance de deux équipes, chacun des employés ou ouvriers énumérés à l'article précédent doit avoir un repos périodique de vingt-quatre heures consécutives au moins toutes les deux semaines ou de dix-huit heures consécutives au moins chaque semaine au moment du changement de poste, et il doit jouir, en outre, de vingt-six jours de repos compensateur par an.

Dans les usines où le travail est organisé sans alternance des équipes, le nombre de jours de repos, auxquels ont droit les employés ou ouvriers classés comme spécialistes par l'article 1er, peut être réduit à vingt-six jours par an, si ces spécialistes ne travaillent qu'entre cinq heures du matin et neuf heures du soir et pendant une durée qui n'excède pas dix heures par vingt-quatre heures.

Dans le cas où, par suite de circonstances exceptionnelles, un ouvrier n'aurait pas intégralement bénéficié pendant une année des vingt-six jours de repos que lui réservent les deux paragraphes précédents, le chef d'établissement, directeur ou gérant, devrait lui en fournir le complément avant le 1er mars de l'année suivante, sans préjudice des repos pour la nouvelle année.

Pour les employés ou ouvriers qui entrent en service au cours de l'année, le nombre de jours de repos est calculé au prorata du nombre de semaines de présence.

Art. 3. — Dans les usines à feu continu qui fonctionnent par postes de huit heures à l'aide de trois équipes et où l'alternance comporte chaque semaine deux postes consécutifs dont chacun n'excède pas douze heures, le repos hebdomadaire de chacun des ouvriers de ces équipes peut n'être que de vingt heures par semaine, pendant deux semaines consécutives, à condition qu'il atteigne vingt-quatre heures la semaine suivante.

Art. 4. — Dans toutes les usines qui utilisent les dérogations prévues par le présent décret, le chef d'établissement, directeur ou gérant, est tenu d'inscrire sur un registre côté et paraphé les noms des employés et ouvriers admis à ces dérogations, ainsi que les catégories professionnelles auxquelles ils appartiennent.

Pour chacun d'eux, le registre fait connaître les jours et heures de repos périodiques prévus par les articles 2 et 3 et, dans le cas de l'article 2, les dates des jours de repos prévus par les articles 1er et 2 dudit article, avant que ce repos ne soit accordé ou dès que l'absence de l'ouvrier a pu être constatée.

Ce registre doit être tenu à la disposition des ouvriers ; il est visé par l'inspecteur du travail au cours de ses visites.

Art. 5. — Le présent décret entrera en vigueur dans un délai de trois mois à dater de sa publication.

Par une mesure transitoire, le repos compensateur prévu à l'article 2, § 1er, pourra être réduit à quinze jours pendant la première année d'application et à vingt jours pendant l'année suivante.

Jusqu'à l'expiration d'un délai de dix ans à compter de la publication du présent décret, le nombre de journées de repos compensateur accordé aux spécialistes visés au 15° de l'article 1er pourra être réduit à quinze jours par an dans les usines ne comportant pas plus de deux fours continus.

Art. 6. — Les dispositions du présent décret ne s'appliquent pas au personnel protégé par la loi du 2 novembre 1892 sur le travail des enfants, des filles mineures et des femmes dans les établissements industriels.

Art. 7. — Le Ministre du Travail et de la Prévoyance sociale est chargé de l'exécution du présent décret, qui sera publié au *Journal Officiel* de la République française et inséré au *Bulletin des Lois*.

Conseils de prud'hommes. — Loi du 27 mars 1907, complétée des textes et articles des codes mis en vigueur par la présente loi. 1 brochure in-8 de 32 pages...................... o fr. **50**

Contrat d'association. — Loi du 1er juillet 1901, modifiée par celles des 4 décembre 1902 et 17 juillet 1903, suivie des décrets des 16 août 1901, 28 novembre 1902, 14 février 1905, et circulaire ministérielle. 1 brochure in-8 de 46 pages..... o fr. **50**

Distributions d'énergie électrique. — Loi du 15 juin 1906, suivie de celle du 25 juin 1895, brochure in-8............... o fr. **50**

Douanes. — Tableau des droits d'entrée et de sortie inscrits au Tarif des douanes. Tarif général et Tarif minimum, édition mise à jour, annoté par M. R. Fighiera, sous-chef de bureau au Ministère du commerce et de l'industrie. 1 vol. in-4. **4 fr.** »

Fraudes et Falsifications dans la vente des Marchandises, des Denrées alimentaires et des Produits agricoles. — Loi du 1er août 1905, décrets du 31 juillet 1906 et 3 septembre 1907, arrêté du 1er août 1906. 1 brochure in-8................. o fr. **50**

Habitations à bon marché et petite propriété. — Loi du 12 avril 1906 et du 10 avril 1908. 1 brochure in-8........... o fr. **50**

Hygiène du Travail. — Lois des 12 juin 1893 et 11 juillet 1903 et décrets des 29 novembre 1904 et 6 août 1905, suivis des Décrets sur l'emploi de la céruse, couchage du personnel, ateliers de blanchissage. 1 brochure in-8 de 30 pages........ o fr. **50**

Impôt sur le Revenu. — Projet de loi et Exposé des motifs présentés à la Chambre des députés le 7 février 1907. Petit vol. in-16 de 92 pages.................................. **1 fr.** »

Justice de paix. — Lois des 12 et 13 juillet 1905. 1 brochure in-8. Prix .... o fr. **50**

Législation électorale. — Lois et Décrets concernant les élections des conseillers municipaux, conseillers généraux, députés, sénateurs, suivis des lois constitutionnelles, petit volume in-8, broché.. **1 fr. 50**

Liberté de Réunion. — Loi du 30 juin 1881, modifiée par celle du 28 mars 1907 et annotée des textes des 16-24 août 1790, 19-22 juillet 1791, 18 juillet 1837, 28 juillet 1848, 9 décembre 1905, art. 25-26. Décret du 16 mars 1906, art. 49. 1 brochure in-8. Prix.. o fr. **50**

Nantissement des fonds de commerce. — Loi du 17 mars 1909, brochure in-8..................................... o fr. **50**

Organisation municipale. — Loi du 5 avril 1884 modifiée par celles des 4 et 25 février 1901, 7 avril 1902, 8 janvier 1905, 9 décembre 1905 et complétée par la loi du 22 mars 1890 sur les Syndicats des communes. 1 brochure in-8 de 48 pages.   o fr. 50

Patentes. — Législation et tarifs. Lois des 15 juillet 1880, 29 juin 1881, 30 juillet 1885, 17 juillet 1889, 8 août 1890, 28 avril 1893, 19 avril et 19 juillet 1905 (1906). 1 vol. in-8 broché..   5 fr.   »

Recrutement de l'armée. — Loi du 21 mars 1905, réduisant à deux ans la durée du service militaire. 1 brochure in-8 de 68 pages. . . . .   o fr. 50

Repos hebdomadaire. — Loi du 13 juillet 1906 et Décrets d'administration publique du 24 août 1906, 13 juillet 1907, 14 août 1907. 1 brochure in-8. . . . .   o fr. 50

Retraites ouvrières et paysannes. — Loi du 5 avril 1910. Brochure in-8 . . . .   o fr. 50

Séparation des Eglises et de l'Etat. — Loi du 9 décembre 1905, complétée des lois antérieures visées par la présente, et loi du 2 janvier 1907 sur les cultes, brochure, in-8. . . . .   o fr. 50

Séparation des Eglises et de l'Etat. — Loi du 9 décembre 1905 et du 2 janvier 1907, décrets d'administration publique et circulaire annotée par Jean Gautier, docteur en droit, sous-bibliothécaire à la Faculté de Droit de Paris, 1 vol. in-8, broché. Prix. . . . .   1 fr. 50

Sociétés d'assurances sur la vie. — Loi du 17 mars 1905, décrets des 30 janvier, 12 mai, 9, 22, 25 juin 1906, notice relative à l'enregistrement et arrêtés de juillet 1907 et modèles d'états à produire. 1 vol. in-8 de 104 pages. . . . .   2 fr.   »

Sociétés civiles et commerciales. — Loi du 24 juillet 1867, modifiée et complétée par celles des 1er août 1893 et 16 novembre 1903, suivie des lois des 29 juin 1872, 1er décembre 1875, et décrets des 9 décembre 1872 et 10 août 1896 sur le timbre des sociétés. 1 brochure in-8 de 36 pages   . . . .   o fr. 50

Sociétés de secours mutuels. — Loi du 1er avril 1898, modifiée et complétée par celles des 31 mars 1903 et 2 juillet 1904, suivie du décret du 25 mars 1901. 1 brochure in-8. . . . . . .   o fr. 50

Syndicats professionnels. — Loi du 21 mars 1884, circulaire ministérielle du 25 août 1884. 1 brochure in-8. . . . .   o fr. 50

Imp. *L'Union Typographique*, Villeneuve-St-Georges.